Bibelgeschichten für Kinder und Jugendliche

Die schönsten Bibel Geschichten des alten und neuen Testaments kindgerecht erzählt - inkl. wertvollem Hintergrundwissen

Anna-Lena Pagels

INHALT

1. Das erwartet Sie in diesem Buch

Kinder sind von Natur aus neugierig und das ist gut so. Sie wollen ihr Umfeld kennenlernen, die Welt verstehen, Regeln erfassen. Die sechs „W" „Wer?, Wie?, Was?, Wieso?, Weshalb?, Warum?" hört man nicht umsonst in der Erkennungsmelodie der „Sesamstraße". Kinder wollen alles wissen.

Da tauchen dann auch so Fragen auf, wie „Wer ist Jesus?", „Was feiern wir Weihnachten und Ostern?", „Was sind die Zehn Gebote?" oder „Wer hat die Bibel gemacht?".

Im besten Fall haben Sie sich als Eltern schon mit Religion beschäftigt und können Ihrem Kind Rede und Antwort stehen. Wenn dem nicht so ist und Sie auf die vielen Fragen Ihres Kindes antworten müssen „Tut mir leid, das weiß ich auch nicht", werden Sie wahrscheinlich in verwirrte Gesichter schauen. Wäre es dann nicht schön, sagen zu können „Aber ich weiß, wo wir nachlesen können!"? Ihr Kind wird sich freuen, dass Sie mit ihm gemeinsam auf Entdeckungsreise gehen wollen.

Für dieses Vorhaben steht nicht nur einschlägige Fachliteratur zur Verfügung, die alles, was mit „kindgerechter" Religion zu tun hat, in einfacher Sprache erklärt, sondern auch Bibeln für Kinder.

2. Entstehung und Aufbau der Bibel

B uch der Bücher. Wenn man das hört, ist sofort klar, es geht um die Bibel. Bibel leitet sich ab vom griechischen Wort biblia und bedeutet Buch. Die Bibel ist DIE Heilige Schrift. In ihr ist Gottes Wort festgehalten. Wir erfahren aus dem Leben von Jesus.

Die Meinungen über die Bibel sind geteilt. Es gibt Menschen, die finden die Bibel spannend, aktuell, bezeichnen sie als einen Leitfaden. Auf der anderen Seite wird die Bibel als langweilig, altbacken, aus der Mode gekommen oder schwer verständlich beschrieben.

Für mich ist sie voll mit Überraschungen. Bei jedem Lesen findet sich wieder was Neues und Spannendes. Sie hält Erzählungen bereit für uns, die, wenn wir sie intensiv lesen, aktueller nicht sein können.

Wir erfahren in der Bibel von Menschen, die Gott begegnet sind. Wir finden Antworten auf Fragen. Bekommen Lebenshilfe und Leitlinien für den Umgang miteinander.

Vor Jahrtausenden wurde alles mündlich weitergetragen, von Generation zu Generation. Erst, als die Schrift Einzug hielt im Leben der Menschen, wurde Stück für Stück aufgezeichnet.

In vielen kleinen Büchern wurden die Überlieferungen festgehalten. Diese Bücher wurden dann zu den Teilen der Bibel zusammengefasst. Die Bibel ist untergliedert in „Altes Testament" und „Neues Testament". Jedes Testament hat seine spezifischen Inhalte. Die einzelnen Teile sind in Kapitel unterteilt. Das sind die Zahlen, die in Fettdruck in den Texten stehen. Die Kapitel teilen sich noch einmal in Verse auf. Das sind dann die

Zahlen, die hochgestellt vor Sätzen oder Satzteilen zu finden sind.

<u>Zitiert wird dann z. B. folgendermaßen:</u>
1. Mose, 2, 4–6 (1. Buch des Mose, 2. Kapitel, Verse 4 bis 6) oder Johannes 8, 15–19 (Evangelium des Johannes, 8. Kapitel, Verse 15–19) oder Philipper 1, 21 (Brief des Paulus an die Philipper, 1. Kapitel, Vers 21).

Viele Autoren haben damals die Texte verfasst. Oft ist nicht bekannt, von wem sie aufgeschrieben wurden.

Man nimmt an, dass die ersten Texte um 900 v. Chr. schriftlich verfasst wurden.

Die Elberfelder Bibel ist mit ihrer Übersetzung ganz nah am Originaltext und zu empfehlen, wenn Sie die Schrift nur geringfügig verändert lesen möchten.

2.1. DAS „ALTE TESTAMENT"

Das Alte Testament wird auch als „Jüdische Bibel" bezeichnet. Der Grund dafür ist, dass sie die Heilige Schrift des Judentums, auch Tanach genannt, enthält.

In ihm finden wir die Geschichtsbücher. Die Geschichte Gottes mit seinem Volk Israel bildet den Mittelpunkt des Alten Testaments. Propheten verkünden ihre Botschaft. Wir lesen zum Beispiel von Mose, Josua, den Richtern. Hinzu kommen die Bücher der Könige und die Bücher der Chronik.

Es folgen die Schriften der Weisheit. Lehrbücher (z. B. das Buch Hiob, die Sprüche Salomos und das Hohelied Salomos) sowie die Psalmen.

Psalmen sind Gebete und Lieder. Sie bringen die Gefühle der Menschen gegenüber Gott zum Ausdruck. Klage, Bitten, Dank und Lob finden in Psalmen ihren Ausdruck. Der 23. Psalm, der Psalm vom Guten Hirten, ist der Bekannteste.

Daran schließen sich die Prophetenbücher von Jesaja, Jeremia, Ezechiel, Micha an, um nur einige zu nennen.

Ab Beginn der mündlichen Überlieferungen soll es etwa 1000 Jahre gedauert haben, bis die letzten schriftlichen Aufzeichnungen entstanden.

2.2. DAS „NEUE TESTAMENT"

In ihm geht es um Jesus Christus. Deshalb wird dieser Teil auch als „Christliche Bibel" bezeichnet.

Hier begegnen uns die Evangelisten Matthäus, Markus, Lukas, Johannes. Sie berichten uns über Jesu Leben. Wir lesen über sein Wirken, Handeln und Reden, sein Leiden, Sterben, die Auferstehung.

Die Apostelgeschichte verkündet uns Jesu Botschaft. Auch in den Briefen des Paulus an die Gemeinden, z. B. in Korinth und Ephesus, sowie u. a. in Briefen von Petrus und Jakobus erfahren wir diese Botschaft. Den Abschluss bildet das prophetische Buch mit der Johannesoffenbarung.

Etwa um 50 n. Chr. wurde der erste Brief schriftlich fixiert. Es war ein Paulusbrief. Seine Briefe beinhalteten wichtige Themen in Bezug auf die von ihm gegründeten Gemeinden.

Markus ist der Evangelist, der um 70 n. Chr. als Erster eine gute Botschaft von Jesus aufschrieb.

3. Auch für die Großen: Die Kinderbibel

Verschiedene Verlage haben Kinderbibeln auf den Markt gebracht. Diese sind in kindgerechter Sprache verfasst, bunt bebildert und lassen Platz für eigene Gedanken, die man dort hineinschreiben kann. Oft gibt es auch Seiten für kreatives Zeichnen bzw. Gestalten der Texte. Der Fantasie der Kinder wird hier viel Raum gelassen.

Schon im Mittelalter war man der Meinung, dass die Bibel an sich nicht für Kinder und Jugendliche geeignet ist. Die Geschichten sind nicht kindgemäß und waren auch nicht für Kinder gedacht. Schwierige Lebenssituation, Not, Leid, Naturkatastrophen, Tod sind Erlebnisse, die die Kinder nicht in so lebensnaher Weise verkraften und verarbeiten würden, wie sie in der Bibel stehen. Deshalb wurden ab 1570 biblische Texte kindgerecht bearbeitet. In dem Jahr gab es auch die erste Kinderbibel, verfasst von Josua Opitz.

Kinderbibeln eignen sich auch gut für Erwachsene, die sich zum ersten Mal mit der Bibel befassen, oder für Menschen, denen die Texte „für Große" schwer verständlich sind. Durch die erzählende Sprache wird der Text der Bibel kindgerecht wiedergegeben. Schwierige Passagen werden umschrieben. Erläuterungen sind hinzugefügt. Farbenfrohe Bilder und Zeichnungen lockern das Ganze ein wenig auf.

4. Warum mein Kind im Glauben erziehen?

Durch Geschichten der Bibel und Erzählungen der Eltern, Großeltern oder anderer Menschen in ihrer Umgebung erfahren die Kinder, wie Jesus gelebt hat. Sie hören die Botschaft. Gott ist barmherzig, Gott ist die Liebe.

Die Kinder erfahren, dass sie alles vor Gott bringen können. Gutes, weniger Gutes. Sie können bitten, danken, beten, ihr Herz ausschütten vor Gott. Sie haben gelernt, dass vor Gott jeder Mensch gleich ist, dass er keine Unterschiede macht. Wo immer sie sind, was immer sie tun, auf Gott können sie sich verlassen.

Ihr Glaube macht sie stark für das Leben. Sie lernen Wichtiges für den Umgang miteinander, dass man sich gegenseitig hilft, nicht schlecht über andere Menschen spricht, ihnen nichts Böses zufügt. Sie wissen, wenn sie was Blödes gemacht haben, können sie es wieder gerade rücken. Sie können es bereuen, sich entschuldigen und das begangene Unrecht wiedergutmachen. Durch den Glauben lernen sie auch Toleranz gegenüber den Menschen, die anders sind, anders aussehen, aus einem anderen Land kommen. Sie erleben, Hoffnung nicht aufzugeben, lernen Optimismus und Offenheit kennen. All dies legt einen guten Grundstein für das weitere Leben Ihrer Kinder. Sie als Eltern können es Ihren Kindern vorleben und vermitteln.

Machen Sie sich gemeinsam mit Ihren Kindern Gedanken zur Vorbereitung auf die Fastenzeit. Sprechen Sie mit ihnen z. B. darüber, wie es ist, in einer Wohlstands- und Wegwerfgesellschaft zu leben. Brauchen wir alles, was wir besitzen? Können wir vom Überfluss Bedürftigen etwas abgeben? Wie kann Ihr Kind sich in der Fastenzeit bewusst werden, dass Verzicht auch guttun kann?

In Kindergottesdiensten, in der Christenlehre, im Religionsunterricht werden den Kindern und Jugendlichen diese Werte auch vermittelt. Es gibt Kinderkirchengruppen, in denen kindgerecht die Botschaft Gottes verkündet wird. Zum Martinsumzug lernen sie etwas über das Teilen. Wenn sie sich am Krippenspiel beteiligen, erfahren sie gemeinsam mit Freunden die Menschwerdung Gottes durch seinen eingeborenen Sohn Jesus Christus.

5. Die Bedeutung der Feiertage

5.1. WEIHNACHTEN

Maria und Josef waren verlobt. Eines Tages erschien Maria ein Engel. Er stellte sich ihr vor. „Guten Tag, Maria. Ich bin Gabriel. Gott schickt mich. Ich soll dir eine Nachricht überbringen." Maria wunderte sich. Was könnte Gott von ihr, einer armen Magd, nur wollen? Maria war das unheimlich und sie war ängstlich. Gabriel beruhigte Maria und erzählte ihr, dass Gott ihr den Heiligen Geist senden und sie ein Kind gebären wird. Gott kann alles tun. Man muss ihm nur vertrauen. Josef wunderte sich, als er erfuhr, dass Maria ein Kind bekommen soll.

Er entschied sich dafür, die Verlobung still und heimlich aufzulösen. Er wollte Maria keinen Ärger bereiten. Dann erschien ihm im Traum ein Engel, der ihm erzählte, dass er bei Maria bleiben soll, weil sie nichts Falsches getan hatte, dass Gott sie ausgewählt hat als Mutter von Gottes Sohn. Sie sollen das Kind Jesus nennen.

Kurz vor der Geburt des Kindes ordnete Kaiser Augustus eine Volkszählung an und alle Menschen mussten in die Stadt gehen, in der sie geboren wurden. Josef kam aus Bethlehem, also machten sich Maria und Josef auf den Weg dorthin. Sie konnten in einem Stall in Bethlehem bleiben. Eine andere Unterkunft für die Geburt fanden Maria und Josef nicht. Sie machten es sich in dem Stall gemütlich. Josef bereitete für Maria ein Bett aus Stroh. Schließlich sollte sie es bequem haben zur Geburt. Josef und die Tiere im Stall (in Weihnachtskrippen werden gern Ochs und Esel aufgestellt) wurden Zeugen, als Jesus Christus – Gottes Sohn – in der Nacht vom 24. auf den 25. Dezember das Licht der Welt erblickte. Maria wickelte Jesus in Windeln und legte ihn in eine Krippe. So war es vorhergesagt und so fanden die Hirten vom Felde und auch die Weisen aus dem Morgenland die kleine Familie im Stall vor.

5.1.1. 24. Dezember – Heiligabend

Der Heiligabend ist genau genommen noch kein Feiertag, sondern der Vorabend des Weihnachtsfestes.

Christen feiern Gottesdienste. Christvesper am Nachmittag, Christmette am späten Abend. Sie freuen sich, dass Jesus Christus bald geboren wird. Es werden Krippenspiele aufgeführt.

Viele Menschen stellen traditionell Weihnachtsbäume auf und schenken sich an diesem Abend etwas. Das Licht am Weihnachtsbaum steht für Jesus Christus, unseren Bruder, denn, er ist das Licht der Welt.

5.1.2. 25. Dezember – 1. Weihnachtsfeiertag

In der Nacht von Heiligabend zum 1. Weihnachtstag erschien den Hirten auf dem Feld ein Engel. Der Himmel erstrahlte in der dunklen Nacht. Der Engel überbrachte ihnen die Nachricht „Heute ist in einem Stall in Bethlehem euer Retter und Erlöser geboren. Schaut euch das Kind an. Begrüßt es."

Dann kamen mehr Engel hinzu. Sie alle sangen gemeinsam „Ehre sei Gott in der Höhe und Friede auf Erden."

Die Hirten machten sich auf den Weg nach Bethlehem und fanden den Stall, über dem ein Stern leuchtete. In diesem Stall lag in der Krippe das Neugeborene. Jesus – Gottes Sohn. Sie erzählten dann allen, was sie auf dem Feld erlebt hatten. Auch von der Botschaft, dass dieses Kind Jesus Christus der Retter der Welt ist.

Auch die Weisen aus dem Morgenland sahen den Stern von Bethlehem und folgten ihm zum Stall, um den neuen König zu begrüßen. Über diese drei und ihren Feiertag erfahren Sie mehr in Abschnitt 5.4.1.

5.1.3. 26. Dezember – 2. Weihnachtsfeiertag

An diesem Tag feiern die Christen, dass Gott in Jesus Mensch geworden ist. Sie glauben, dass Jesus als Erlöser auf die Welt kommt. Er befreit die Menschen von ihren Sünden. Dies tut er anstelle von Gott, seinem Vater.

5.2. OSTERN

5.2.1. Gründonnerstag

Jesus feierte mit seinen Jüngern das Passahmahl. An diesem Abend wusste er schon, dass einer der Jünger Jesus verraten wird. Ihm war auch schon bewusst, dass sie ihn verhaften und töten werden. Gemeinsam mit ihnen speiste er. Er brach das Brot und teilte es mit ihnen. Er trank den Wein und teilte ihn mit ihnen. Als er mit ihnen das Brot brach, dankte er Gott und sprach zu seinen Jüngern: „Nehmt und esst, das ist mein Leib, der für euch gegeben wird." Dann nahm er den Kelch mit dem Wein, dankte Gott auch dafür und sprach zu ihnen: „Trinkt alle daraus! Das ist mein Blut, das für euch vergossen wird zur Vergebung der Sünden."

Zur Erinnerung an dieses letzte Abendmahl feiern wir in Gottesdiensten auch ein Abendmahl. Die Gemeinde wird an den Tisch (Altar) gebeten. Die Pastorin oder der Pastor spricht die Einsetzungsworte zur Erinnerung an die Worte Jesu und dann wird an die Anwesenden Brot (Oblate) und Wein/Traubensaft ausgeteilt. Dieses Abendmahl ist feierlich und man ist sich bewusst, dass Jesus unter der Gemeinde weilt.

5.2.2. Karfreitag

In der Nacht nach dem Passahmahl wurde Jesus von einem seiner Jünger an die Feinde verraten. Am Karfreitag kamen bewaffnete Männer. Sie waren Knechte des Hohepriesters Kaipha. Die Knechte nahmen Jesus fest, führten ihn ab und brachten ihn zum Palast des Hohepriesters. Dort wurde er verhört von Priestern und Ratsherren. Es wurden Zeugen gebracht, die aussagten, dass Jesus Menschen aufgehetzt hat und gedroht hat, den Tempel zu zerstören. Jesus wurde befragt, ob er Gottes Sohn sei. Jesus antwortete laut und deutlich: „Ja, ich bin Gottes Sohn."

Daraufhin riss man Jesus die Kleider vom Leib, bespuckte und schlug ihn. Schließlich brachte man Jesus zum Statthalter Pontius Pilatus. Dieser hatte die Macht, Gefangene freizulassen. Als der Statthalter die Menge befragte, forderten sie, dass man Barrabas freilassen und Jesus kreuzigen solle. Jesus wurde verhöhnt. Die Soldaten setzten ihm eine Dornenkrone auf und hängten ihm einen prächtigen Mantel um. Sie brachten ihn zum Berg Golgatha, damit er gekreuzigt werde. Das Kreuz, an das man ihn schlagen wollte, musste er den langen Weg auf den Berg allein tragen. Da er auf dem Weg immer wieder unter der Last zusammenbrach, trug Simon von Zyrene das Kreuz zum Berg.

Auf dem Berg Golgatha angekommen, wurden Jesus und zwei Verbrecher auf die Holzkreuze genagelt. Diese wurden aufgestellt. Einige Stunden später verdunkelte sich der Himmel. Als Jesus dann verstarb, bebte die Erde.

Viele Stunden später standen nur noch ein paar Frauen unter dem Kreuz mit dem verstorbenen Jesus. Ein vornehmer Herr kam vorbei, nahm Jesus vom Kreuz ab und wickelte ihn in weiße Tücher. Man trug Jesu Leichnam in seinen Garten. Jesus wurde in eine Felshöhle gelegt und ein großer Stein wurde vor den Eingang gerollt.

Am nächsten Tag, einem Festtag, ordneten die Priester und Ratsherren an, dass Wachen vor dem Grab aufgestellt werden sollen. Sie taten dies, weil sie sich erinnerten, dass Jesus prophezeit hatte, dass er drei Tage nach seinem Tod auferstehen wird.

Pilatus schickte einen Wachmann zum Grab, der dieses versiegelte.

5.2.3. Ostersonntag

Am Sonntag gingen die Frauen nach dem Fest zu Jesu Grab und wollten ihn salben. Der Stein war vom Eingang weg gerollt und das Grab war leer. Am Eingang zur Höhle saß ein Engel und berichtete ihnen, dass Jesus auferstanden sei.

Kurze Zeit später trafen die Frauen tatsächlich auf Jesus. Sie erzählten überall, was passiert war, nur wollte ihnen kein Mensch glauben.

Für Christen ist Ostersonntag der höchste Feiertag im Kirchenjahr. Bereits in der Nacht zu Sonntag, der Osternacht, gibt es eine Feier. Es wird der Entdeckung des leeren Grabes und der Auferstehung gedacht. Weitverbreitet sind auch abendliche Osterfeuer.

5.2.4. Ostermontag

Dem letzten der Osterfeiertage liegt eine Geschichte zugrunde, von der uns Lukas in seinem Evangelium berichtet:

In der Nacht zu Sonntag haben die Menschen entdeckt, dass Jesus auferstanden ist. Die Höhle war leer.

Am Tag darauf gingen zwei Männer nach Emmaus. Das ist ein Dorf, ein Stück weg von Jerusalem. Unterwegs unterhielten sich die beiden über alles, was in den letzten Tagen passiert war. Jesu Festnahme, die Kreuzigung, das Verschwinden Jesu. Sie waren unsicher und überlegten, wie das alles passieren konnte und wo Jesus jetzt wohl sein könnte. Ein Mann begegnete ihnen. Es war Jesus. Die Männer erkannten ihn aber nicht. Jesus fragte sie, was denn passiert war, dass sie so aufgeregt waren und worüber sie diskutierten. Die Männer waren erstaunt und wunderten sich, dass dieser Mann nichts wusste von all dem, was mit Jesus passiert war. Sie erzählten ihm vom Hohepriester, der Todesstrafe und der Kreuzigung. Sie erzählten ihm auch, dass einige Frauen am Grab gewesen waren und die Höhle leer war und dass ein Engel den Frauen erzählt hat, dass Jesus lebt.

Als Jesus all dies hörte, wusste er, dass die zwei Männer nicht an seine, Jesu, Auferstehung glaubten. Er erzählte ihnen, was in den Schriften stand, und erklärte ihnen die Texte.

Als er die Männer verlassen wollte, luden sie ihn ein, bei ihnen zu bleiben. Als es Essen gab, nahm Jesus das Brot, dankte, brach es und gab es ihnen, genauso, wie er es auch zum letzten Abendmahl getan hatte. Nun erkannten sie Jesus und wussten, dass er tatsächlich auferstanden war. Jesus verschwand daraufhin ganz plötzlich vor ihren Augen.

Den Männern wurde klar, dass sie im Inneren ihres Herzens wussten, dass es nur Jesus sein konnte, der ihnen die Schrift so lebendig erklärt hatte. Sie gingen sofort zurück nach Jerusalem und erzählten allen „Der Herr ist wahrhaftig auferstanden." (Lukas 24, 34)

5.3. PFINGSTEN

Am 50. Tag nach Ostern feiern die Christen Pfingsten. Gott prophezeite, dass er seinen Heiligen Geist schicken und über den Menschen verteilen will. Dies geschah dann auch. Nachlesen kann man diese Erzählung im 2. Kapitel der Apostelgeschichte.

Im Jahr 130 n. Chr. wurde erstmals das Pfingstfest als christliches Fest erwähnt.

Zurückzuführen ist es darauf, dass die Jünger und die Apostel, welche sich zum Pfingstfest versammelt hatten, vom Heiligen Geist erfüllt wurden.

5.4. WAS FEIERT MAN NOCH SO?

5.4.1. „Heilige Drei Könige" – Fest der Erscheinung des Herrn

Wir hörten ja gerade schon von den Hirten, die sich aufmachten zum Stall, in dem Jesu geboren war. Der Stern von Bethlehem zeigte auch den Heiligen Drei Königen den Weg zum Stall. Diese Könige waren Sterndeuter/Magier aus dem Morgenland und hießen Caspar, Melchior und Balthasar. Zur Begrüßung des Jesuskindes überreichten sie Geschenke. Sie brachten Gold, Weihrauch und Myrrhe mit.

Caspar, Melchior und Balthasar waren Symbole für die Kontinente Europa, Asien und Afrika.

Zum Epiphaniasfest, dem 6. Januar, gibt es eine Tradition: Kinder ziehen gemeinsam als sogenannte Sternsinger durch ihre Ortschaften. Sie ziehen sich Gewänder an, klingeln an den Türen und singen ein Lied, sagen ein Gedicht auf oder sprechen ein Gebet. Dazu wird um eine Spende für ein besonderes Projekt gebeten. Mit diesen Zeremonien verbreiten sie die Friedensbotschaft der Heiligen Nacht, der Nacht, in der Jesus geboren wurde.

Bevor die Sternsinger weiterziehen, wird das Haus oder die Wohnung gesegnet. Über den Eingang schreibt man mit Kreide C + M + B und die jeweilige Jahreszahl dazu. Damit wird den Bewohner+innen Gottes Segen gewünscht.

Zur Bedeutung dieser drei Buchstaben gibt es verschiedene Ansichten. Zum Beispiel, dass sie für Glaube + Liebe + Hoffnung stehen oder für Caspar + Melchior + Balthasar. Auch deutet man sie als Anfangsbuchstaben des Segensspruches „Christus Mansionem Benedicat". Das ist Latein und bedeutet so viel wie „Christus segne dieses Haus".

Es gibt viele Gemälde, Altarbilder usw., auf denen die Heiligen Drei Könige dargestellt werden. Unklar ist aber, ob es tatsächlich drei Weise waren. Dies begründet man damit, dass aus den Schriften nicht klar hervorgeht, um wie viele Personen es sich handelte. Schließlich könnten auch mehr oder weniger als drei Personen drei Geschenke überbringen.

In Deutschland ist dieser Tag in einigen Bundesländern ein Feiertag.

5.4.2. „St. Martin" – Martinstag

Um ein Geschenk geht es auch beim nächsten Feiertag, welchen wir am 11. November begehen.

Sankt Martin war römischer Soldat und wurde Schutzpatron der Armen. Als Soldat teilte er mit einem Bettler seinen Mantel. St. Martin lebte vor mehr als 1.000 Jahren. Am Martinstag werden wir daran erinnert, dass Helfen und Teilen, vor allem gegenüber Schwächeren, sehr wichtig ist.

Als Bischof tat er viele „Wunder". Deshalb sprach man ihn nach seinem Tod heilig. Martin starb am 11. November 397.

Am St. Martinstag gibt es ein Lichtfest bzw. einen Lichter-Umzug. Meistens reitet ein als Martin verkleideter Mann auf einem Pferd voran und viele Kinder und Erwachsene folgen ihm in einem Umzug durch den Ort. Die Kinder tragen Laternen, die Erwachsenen Fackeln oder Leuchten. Der Zug endet oft an einer Kirche oder auf einem Festplatz. Dort gibt es dann „Martinshörnchen". Diese werden untereinander geteilt. Ein Kind geht zum

Beispiel zu einer Freundin oder einem Freund und gibt ihr oder ihm vom eigenen Hörnchen ein Stück ab. Auch dies ist ein Symbol dafür, dass man gern mit anderen teilt oder ihnen gern hilft.

Der Martinstag ist kein gesetzlicher Feiertag in Deutschland.

6. Bibeltexte leicht erzählt

Hier nun noch lehrreiche und leicht verständliche Bibeltexte. In ihnen erfährt man von der Barmherzigkeit, Güte und Liebe Gottes und seines Sohnes Jesus Christus. Auch von Wundern und Familiengeschichten.

Mit ihnen können Sie Ihrem Kind vermitteln, was wichtig ist im Miteinander. Sie können Ihrem Kind erzählen, dass Jesus mit dem, wie er lebt, ein Vorbild ist für uns Menschen.

6.1. „DIE SEGNUNG DER KINDER" – KINDEREVANGELIUM

Das Markusevangelium (10. Kapitel, Verse 13–16) beinhaltet einen Text, den Pastorinnen und Pastoren gern als Lesung für eine Kindertaufe nutzen. Er wird deshalb auch als „Kinderevangelium" bezeichnet. Gleiches kann man auch im Matthäus- und im Lukasevangelium nachlesen.

Frauen hörten davon, dass Jesus sich auf dem Weg nach Jerusalem befand und Rast machte im Land Juda. Sie wollten ihre Kinder unbedingt zu Jesus bringen, dass er sie segnete. Die Jünger aber waren nicht einverstanden damit und wollten die Frauen verjagen. „Haut ab, Jesus hat etwas Besseres zu tun. Nehmt eure Schreihälse mit. Die Leute können gar nicht verstehen, was Jesus ihnen sagt." So oder ähnlich kann es gewesen sein. Die Frauen zogen sich mit ihren Kindern zurück. Da hörten sie, wie Jesus die Jünger zur Rede stellte. „Warum schickt ihr die Frauen und Kinder weg? Lasst sie herkommen. Was macht ihr denn?" Die Jünger waren erschrocken über Jesus. Sie hatten mit ihm schon viel erlebt und sich oft gewundert, dass er sich wirklich um jeden Menschen kümmert. Er schenkte schon Bettlern, Aussätzigen, Kranken und Zöllnern seine Aufmerksamkeit und half ihnen. Nun auch noch das. Frauen, die jetzt eigentlich ihre Arbeit auf den Feldern und in ihren Häusern verrichten sollten, dazu noch schreiende, quengelnde Kinder. Was soll das noch werden? Jesus' Jünger hatten ihre eigenen Ansichten, die nicht immer dem Verhalten von Jesus entsprachen. Nun segnete er sogar die Kinder.

„Lasst die Kinder zu mir kommen und wehret ihnen nicht; denn solchen gehört das Reich Gottes. Wahrlich, ich sage euch: Wer das Reich Gottes nicht empfängt wie ein Kind, der wird nicht hineinkommen. Und er herzte sie und legte die Hände auf sie und segnete sie."

Durch Jesus Geste bekamen die Kinder einen anderen Stand. Er machte klar, auch den Kindern gilt Gottes frohe Botschaft. „Er herzte sie ..." heißt so viel wie: Er schenkte ihnen seine Aufmerksamkeit, er wandte sich ihnen zu.

Für Jesus sind Kinder wichtig. Jedes einzelne Kind ist ein Geschenk Gottes. Jeder muss mit Kindern respektvoll umgehen. Wie das geht, wird uns deutlich gemacht in dieser Erzählung von der Begegnung Jesu mit den Frauen und Kindern.

Kinder haben ganz besonders unsere Aufmerksamkeit verdient. Wir können uns viel von ihnen abschauen. Sie gehen ohne Gram und Hass durch die Welt, sind unvoreingenommen. Ihr Herz ist voll von Liebe, die sie bedingungslos weitergeben, weil sie ein Geschenk Gottes sind. Sie verhalten sich so ganz anders als Erwachsene, wissen noch nichts von Gut und Böse, Arm und Reich. Was sie geben, tun sie freiwillig und aus tiefstem Herzen, weil sie die Menschen so annehmen, wie sie sind.

Erst später ändert sich das. Wenn sie sich durchs Leben kämpfen müssen, sich aus Unwissenheit an falsche Ideale hängen oder sich Vorbilder suchen, die ihnen nicht guttun. Erst dann geben sie nicht mehr freiwillig und bedingungslos. Durch den Glauben und die Wertevermittlung kann man die Kinder wieder auf den richtigen Weg bringen.

Jesus weiß das alles und erhebt die unschuldigen Kinder. Sie haben seinen Segen wahrlich verdient.

6.2. „DIE ZEHN GEBOTE" – UND GOTT REDETE ALLE DIESE WORTE

Vor ungefähr 3000 Jahren stellte Gott Regeln für das Miteinander der Menschen auf.

Im 2. Buch Mose (Exodus) wird uns darüber im 20. Kapitel so berichtet:

Mose bekam von Gott den Auftrag, das Volk Israel aus Ägypten zu holen. Den Israeliten ging es in Ägypten sehr schlecht. Gott wollte sie retten und sie nach Hause bringen. In das Land, wo Milch und Honig fließt – nach Kanaan. Das sollte Mose für ihn tun.

Mose ging also zum Pharao, der der König Ägyptens war. Er brachte ihm die Botschaft Gottes und forderte ihn auf, das Volk Israel gehen zu lassen. Das war erst gar nicht so einfach. Der Pharao wollte die Israeliten nicht ziehen lassen. Mose berichtete Gott davon und Gott brachte zehn Plagen über Ägypten. Zum Beispiel gab es eine Froschplage, eine Stechmückenplage und eine Heuschreckenplage. Tiere wurden krank und starben. Schwere Unwetter brachen über Ägypten herein. Das Unwetter brachte riesige Hagelkörner mit, die Menschen und Tiere trafen und das Korn auf den Feldern vernichteten. Dem Pharao war das egal.

Nach jeder Plage versprach er Mose, dass der das Volk Israel mitnehmen dürfe, wenn er es schafft, die Plage zu beseitigen. Der Pharao hielt sein Wort aber nicht, deshalb schickte Gott eine Plage nach der anderen. Erst nach der zehnten Plage ließ der König den Mose mit dem Volk Israel gehen und erlaubte sogar, dass sie alles mitnehmmen dürfen, was sie für ihren langen Marsch benötigten.

Gott begleitete Mose und die Israeliten. Tagsüber schickte er ihnen eine Wolke, die ihnen den Weg zeigte. und nachts schickte er ihnen Licht. So fanden sie den Weg.

Sie wanderten durch das Rote Meer und durch die Wüste. Die ganze Zeit sorgte Gott durch Mose dafür, dass alle genug zu essen und zu trinken hatten. Es musste keiner verdursten oder verhungern. Auch ein Überfall konnte abgewehrt werden. Gott sei Dank. Das Volk Israel versprach, nie mehr zu vergessen, was Gott für sie tat.

Es dauerte viele Wochen, bis sie endlich am Berg Sinai ankamen. Das Volk Israel bereitete sich auf den Tag vor, an dem Gott zu ihnen kommen wollte. So hatte Mose es ihnen erzählt. „Gott kommt und macht euch zu seinem Volk." Am dritten Tag kam die Wolke Gottes mit Blitz und Donner. Der Berg Sinai erbebte. Die Israeliten bekamen Angst und trauten sich nicht in die Nähe des Berges.

Mose stieg allein auf den Berg und redete mit Gott. Gott sprach zu Mose „Ich bin der Herr, dein Gott. Ich habe euch aus Ägypten, aus der Sklaverei geführt. Nun gehört ihr zu mir. Darum sollt ihr meine Gebote halten."

Und Gott zählte seine Gebote auf.

Es geht in den Geboten u. a. darum, nur einen Gott zu haben, Feiertage zu halten, die Eltern zu ehren, nicht zu töten, nicht zu stehlen, über keinen anderen Menschen schlecht zu reden.

Gute Dinge also.

Gute Dinge, die auch heute noch wichtig sind. Auch für Kinder. Sie bekommen von ihren Eltern Regeln, Gebote und Verbote. Dabei können Gottes Gebote eine gute Hilfe und Unterstützung sein. Die Gebote geben den Kindern Sicherheit und vermitteln ihnen Werte der Gesellschaft.

Wenn Sie als Eltern sich intensiv mit den Geboten Gottes auseinandersetzen, dann werden Sie erkennen, dass es kein eingestaubter Kram ist, sondern aktuell und mitten im Leben. Ich würde fast sagen, es sind Wünsche, die den Menschen aus dem Herzen sprechen. Auch Kinder haben schon Wünsche und Moralvorstellungen, wie sie sich das Miteinander denken. Da sind Sie als Eltern gefordert, es in eine gute Richtung zu lenken.

6.3. „AUF DER HOCHZEIT" – WASSER ZU WEIN

Jesus konnte auch Wunder vollbringen. Auf einer Hochzeit in Kanaan zum Beispiel verwandelte er Wasser in Wein. Nachzulesen im Johannesevangelium, Kapitel 2.

Es war ein großes Fest. Das Hochzeitspaar hatte viele Verwandte und Freunde eingeladen. Jesus kam mit seiner Mutter Maria und seinen Jüngern zu dieser Hochzeit. Es gab viele köstliche Speisen. Der Wein floss in Strömen. Die Menschen waren fröhlich und feierten ausgelassen. Es gab Musik, man tanzte und sang.

Plötzlich ging der Wein zur Neige. Die Diener waren ratlos. Was sollten sie tun? Woher so schnell neuen Wein beschaffen?

Maria sprach mit Jesus und ermunterte ihn „Komm, hilf ihnen. Ich weiß, dass du das kannst." Aber Jesus wollte nicht. „Jetzt nicht Mutter. Lass mich doch." Maria wunderte sich über ihren Sohn und ergriff die Initiative. Sie sagte zu den Dienern, dass sie alles so machen sollten, wie Jesus es ihnen befehlen würde.

Dann plötzlich kam Jesus dazu. Vor dem Haus standen große Wasserkrüge. Er befahl den Dienern, dass sie diese Krüge mit Wasser füllen sollten. Anschließend sollten sie einen Becher raus schöpfen und ihn dem Speisemeister bringen. Das taten sie. Der Speisemeister war überrascht. „Woher kommt denn dieser köstliche Wein?" Er ließ den Bräutigam kosten. „Warum geben wir jetzt erst diesen köstlichen Wein aus? Er ist doch viel besser als der andere Wein, den wir zuerst angeboten haben." Der Bräutigam wusste auch nicht, woher dieser neue Wein so plötzlich kam.

Die Diener schwiegen. Nur sie wussten, was passiert war. Aus Wasser wurde Wein, weil Jesus ein Wunder vollbracht hatte. Das Fest ging fröhlich weiter. Alle genossen den Wein und die fröhliche Stimmung.

Jesu Jünger, die alles mitbekommen hatten, glaubten endlich, dass Jesus der Retter war. Das hatte er mit diesem Wunder bewiesen.

6.4. „JESUS HILFT"

Im Markusevangelium wird von so einigen Begegnungen berichtet, in denen Jesus Menschen in Krankheit und Not Hilfe leistet.

6.4.1. Der Aussätzige

Ein alter Mann, der sehr krank war, wurde von den Menschen seiner Stadt ausgestoßen. Er musste allein außerhalb des Ortes wohnen. Die Menschen hatten Angst vor ihm, weil er im Gesicht und an Händen und Füßen entstellt war. Er bekam keine Besuche. Auch seine Freunde wollten nicht mehr viel von ihm wissen. Sie versorgten ihn, stellten aber das Essen nur vor seine Hütte und liefen dann weg.

Eines Tages kam Jesus an seiner Hütte vorbei. Der Mann überlegte nicht lange und lief Jesus entgegen. Wenn der sich ihm näherte, dann hatte er keine Angst, sich anzustecken oder Ähnliches. Der Mann fiel vor Jesus auf die Knie, streckte ihm seine kranken Hände hin und bat ihn „Hilf mir bitte, Herr. Du kannst mich bestimmt heilen." Jesus berührte die Hände des Mannes und sagte zu ihm, er sei nun gesund. Der Mann rannte los, er wollte wieder nach Hause, in die Stadt. Jesus ermahnte ihn noch „Sage keinem, dass ich es war." Der Mann aber war so glücklich, dass er die Mahnung vergaß und allen, die danach fragten, erzählte, dass Jesus ihn geheilt hat.

6.4.2. Der Gelähmte

In der Stadt Kapernaum gab es einen Gelähmten. Der Mann konnte gar nichts. Nicht stehen, nicht gehen. Auch die Hände und Füße konnte er nicht mehr bewegen. Auch musste er gefüttert werden. Eines Tages kamen seine Freunde, nahmen den Mann auf seiner Matte mit. Sie gingen so mit ihm durch die Stadt. Jesus war in der Stadt. Die Männer brachten ihren Freund zu Jesus. Leider kam die Gruppe nicht ins Haus. Das Haus war überfüllt mit Menschen, die alle Jesus sehen und hören wollten.

Die Männer hatten eine Idee. Sie trugen den Mann über eine Außentreppe auf das Dach. Dann deckten sie das Dach ab und machten ein Loch, sodass sie in das Haus schauen konnten. Jesus stand unter ihnen. Die Männer knüpften Seile an die Matte und ließen ihren Freund daran hinab in das Haus, genau vor Jesus' Füße. Jesus schaute auf den Mann und sprach zu ihm: „Dir sind deine Sünden vergeben."

Die Menschen in dem Haus, unter denen auch Gelehrte waren, verstummten. Was bildete sich denn der Jesus ein? Vielleicht, dass er selbst Gott ist? Sie waren empört. Jesus ging auf sie zu und fragte geradeheraus „Was meint ihr denn? Kann man eher Sünden vergeben oder Krankheiten heilen? Ich kann beides. Das habe ich von Gott." Zu dem kranken Mann sprach Jesus „Steh nun auf. Nimm deine Matte. Geh nach Hause." Der Mann tat, wie Jesus ihm gesagt hatte. Er konnte wieder stehen und gehen, seine Hände und Füße wieder bewegen. Der Mann ging fröhlich nach Hause.

Die Menge staunte, da sie so etwas noch nie gesehen hatten. Lautstark lobten sie Gott und sangen Loblieder.

6.4.3. Die Sturmstillung

Jesus und seine Jünger saßen am See Genezareth. Es war Abend, das Feuer prasselte. Die Sterne leuchteten und kleine Wellen plätscherten leise vor sich hin. Jesus wurde an diesem Tag von vielen Menschen aufgesucht. Sie alle wollten seine Hilfe erbitten. Er war müde am Ende des Tages. Aber die Menschen kamen auch weiterhin und Jesus fand keine Ruhe.

„Kommt", sprach Jesus zu seinen Jüngern, „kommt, wir nehmen ein Boot und fahren an das andere Ufer. Ich bin müde. Vielleicht komme ich dort drüben zur Ruhe."

Die Jünger stiegen gemeinsam mit Jesus ins Boot und fuhren auf den See hinaus. Jesus legte sich nieder und schlief ein.

Plötzlich ändere sich das Wetter und aus dem sanften Wind, der gerade noch war, wurde ein Sturm. Der Wind und die Wellen tobten, der Himmel war dunkel. Dann zerriss auch noch das Segel.

Der Sturm wurde so stark, dass das Wasser ins Boot schwappte und die Jünger bekamen Angst. Sie fürchteten, dass sie mit dem Boot untergehen könnten.

Sie jammerten und zitterten. In ihrer Angst weckten sie Jesus und schrien laut. „Wie kannst du schlafen? Hilf uns, sonst gehen wir unter!" Jesus sah in die ängstlichen Augen seiner Jünger. Er stand auf und hob die Hände gegen den Sturm. Er rief laut „Sei ruhig!" So geschah es. Der Sturm legte sich, die Wellen beruhigten sich, das Boot schaukelte wieder sanft auf dem Wasser.

Dann sah Jesus seine Jünger an. Er wunderte sich. „Vertraut ihr mir nicht? Warum habt ihr so große Angst, obwohl ich bei euch bin?"

Die Jünger wussten nicht, was sie darauf antworten sollten. Sie raunten sich nur zu, was für Kraft Jesus haben muss, wenn ihm Wind und Wellen gehorchen.

Die Sturmstillung erzählt vom Vertrauen zu Gott. Menschen erfahren auch Lebensstürme. In diesen sollten sie nicht ihren Glauben verlieren, denn Gott führt sie durch diese Stürme. Der Glaube kann eine große Stütze sein für uns Menschen.

6.5. „DIE FRAGE NACH DEM EWI-GEN LEBEN – DER BARMHERZIGE SAMARITER"

Im 10. Kapitel des Lukasevangeliums lesen wir über folgende Begegnung:

Eines Tages begegnete Jesus ein Gelehrter, der sich gut in der Heiligen Schrift (Bibel) auskannte. Aber, er war falsch und stellte Jesus eine Falle. Der Gelehrte fragte Jesus nämlich, was man tun müsste, um zu Gott zu kommen. Natürlich verwies Jesus den Gelehrten auf die Gebote Gottes. „Kennst du sie?", fragte Jesus den Gelehrten. „Natürlich kenne ich sie. Es steht geschrieben, dass ich Gott von ganzem Herzen lieben soll. Und meinen Nächsten soll ich lieben wie mich selbst. Aber, Jesus, sag mir, wer ist mein Nächster?" Der Gelehrte tat so, als wüsste er es nicht, und wollte nur hören, was Jesus wohl darauf sagen würde.

Jesus fiel als Antwort eine Geschichte ein, die er dem Gelehrten erzählte.

Eines Tages wurde ein Mann überfallen. Räuber hatten ihn geschlagen, ihn bestohlen, ihm seine Kleider geklaut. Halbtot war der Mann. Er war verzweifelt. Er wusste ja nicht, wer ihm hier helfen könnte. Doch plötzlich hörte er Schritte, sah einen Priester kommen, der wohl gerade im Tempel war zum Gebet. Er flehte diesen an „Hilfe mir doch. Ich bin verletzt und wurde ausgeraubt." Dem Priester war das egal. Er ging seines Wegs und ließ den armen Mann einfach liegen.

Kurze Zeit später hörte der verletzte Mann wieder Schritte. Da kam ein Levit des Weges. Leviten waren die Diener der Priester. Er kam bestimmt auch gerade aus dem Tempel. „Hilf mir, ich bin verletzt. Bitte." rief der Mann wieder. Ohne Erfolg. Auch der Levit ging an ihm vorbei und ließ ihn liegen in seiner Not.

Zum dritten Mal hörte der verletzte Mann Geräusche. Es kam ein Mann auf einem Esel angeritten. Er war Samariter. Vielleicht hilft er mir, überlegte der Mann. Aber, nein, das wird er nicht tun. Ich bin Jude, der Samariter ist es nicht. Der hilft mir bestimmt nicht. Also versuchte es der verletzte Mann gar nicht erst.

Doch, was war das? Der Samariter stoppte den Esel, stieg ab und ging zu dem verletzten Mann. „Kann ich dir helfen? Kannst du aufstehen?" Der Samariter reinigte die Wunden, legte Verbände an und half dem Mann dann, sich auf den Esel zu setzen. Er führte beide bis zur nächsten Herberge. Dort trug er den Verletzten ins Haus, blieb bei ihm und pflegte ihn.

Am nächsten Morgen musste der Samariter weiter. Er zahlte dem Wirt das Zimmer. Dazu gab er ihm noch Geld, dass der Wirt sich um den Mann kümmere und ihn gesund pflege. „Wenn das Geld nicht ausreicht, dann bekommst du mehr, wenn ich wieder hier bin", sagte er und ging.

Nach einer kurzen Erzählpause wandte sich Jesus nun an den Gelehrten. „Sag du mir, wer war dem Verletzten der Nächste?" „Natürlich der Samariter", antwortete der Gelehrte. Jesus erwiderte darauf „Eine gute Antwort, die du mir da gibst. Dann mache es ihm gleich", und ging fort.

6.6. „JOSEF UND SEINE BRÜDER"

So steht es geschrieben im 1. Buch des Mose (Genesis), im 37. Kapitel:

Der Stammvater Jakob lebte mit seiner Familie in Kanaan. Jakob hatte 12 Söhne. Sein Sohn Josef war das zweitjüngste aller Kinder. Jakob verwöhnte seinen Sohn Josef sehr. Schenkte ihm zum Beispiel neue Kleider. Josef träumte oft davon, dass ihn alle verehrten und sich ihm unterwarfen. Er erzählte seinen Brüdern und auch seinem Vater von seinen Träumen. Alle waren schon verärgert und konnten nicht verstehen, warum Josef davon träumte, dass sich seine Familie vor ihm tief verbeugen sollte. „Sollen wir alle uns vor dir auf die Erde werfen?" Hinzu kam, dass die Brüder eh schon eifersüchtig waren auf Josef, da sein Vater ihn besser behandelte als alle anderen Kinder. Josef musste nämlich auch weniger arbeiten als seine Brüder und konnte sich oft einen gemütlichen Tag machen.

Eines Tages schickte der Vater den Josef auf die Weide. Er sollte schauen, ob seine Brüder sich auch gut um das Vieh kümmern würden. Seine Brüder wollten sich nicht von Josef herumkommandieren lassen und waren verärgert. Die Brüder beratschlagten, wie sie ihn loswerden konnten. Sie entschieden, Josef umzubringen und in einen Brunnen zu werfen.

Der älteste der Brüder, Ruben hieß er, sprach für Josef und schlug vor, ihn nicht zu töten, sondern ihn einfach nur verschwinden zu lassen. Man könnte ihn in einen ausgetrockneten Brunnen werfen und fertig. Im Stillen hatte Ruben schon beschlossen, Josef dann aus dem Brunnen zu befreien und wieder nach Hause zu holen.

Kaum war Josef bei seinen Brüdern auf der Weide angekommen, packten sie ihn, zogen ihm sein schönes neues Gewand aus und warfen ihn in den ausgetrockneten Brunnen.

Als die Brüder wieder auf der Weide bei den Tieren war, kreuzte eine Karawane ihren Weg. Die Brüder beschlossen, Josef aus dem Brunnen zu holen und ihn an die Karawane zu verkaufen. Gesagt, getan. Die Händler kauften Josef für 20 Silberstücke ab und nahmen ihn mit. Als Ruben Josef aus dem Brunnen befreien wollte, war der verschwunden. Um ihren Handel zu vertuschen, tauchten die Brüder Josef sein Gewand in das Blut eines geschlachteten Ziegenbocks. Sie schickten die Diener damit zum Vater. Jakob war außer sich. „Mein Sohn Josef ist tot. Ein wildes Tier hat ihn gerissen. Ich werde um ihn trauern, bis ich sterbe."

Die Karawane nahm Josef mit nach Ägypten. Die Händler verkauften ihn an Potifar, einen Hofbeamten des Pharaos und Obersten der königlichen Leibwache. Potifar nahm Josef als persönlichen Diener an. Josef wurde von Gott gesegnet und ihm gelang alles, was er tat. Als Potifar erkannte, dass Josef ein tüchtiger Mann war, übertrug er diesem die Hausaufsicht und die Verwaltung seines Besitzes. Die Frau des Potifar wollte sich unbedingt mit Josef anfreunden, weil sie oft allein war. Das lehnte Josef ab. Sie redete dann schlecht und vor allem falsch über ihn, weil sie sauer auf Josef war.

Potifar glaubte aber seiner Frau und ließ Josef ins Gefängnis bringen. Der Aufseher übertrug ihm dort wichtige Aufgaben. Auch hier war Josef also nicht ohne Gott.

Im Gefängnis lernte er dann den höchsten Mundschenk und den höchsten Bäcker des Pharao kennen. Er deute ihre Träume und seine Vorhersagen trafen ein. Zum Dank der richtigen Deutung versprach der Mundschenk, für Josef ein gutes Wort beim König einzulegen. Als der Mundschenk frei und wieder im Dienst des Königs war, freute er sich, vergaß aber den Josef im Gefängnis.

Ein paar Jahre später hatte der Pharao Träume, die ihn beunruhigten. Wieder war kein Traumdeuter zur Hand, der ihm die Träume richtig deuten konnte. Der Mundschenk erinnerte sich an Josef. Auf Befehl des Königs kam Josef aus dem Gefängnis. Man schnitt ihm die Haare, gab ihm frische Sachen zum Anziehen. Der Pharao erzählte Josef seine Träume. Es ging um schöne Kühe und pralle Ähren, um hässliche Kühe und dünne Ähren. Josef deutete die Träume mit sieben guten Jahren und sieben schlechten Jahren. Er gab dem Pharao den Rat, in der guten Zeit für die schlechten Jahre etwas anzusparen.

Da Josef dem Pharao sehr klug schien, machte er Josef zu seinem Stellvertreter. Schließlich hatte Josef einen guten Draht zu Gott. Josef bekam den königlichen Ring, eine goldene Kette und einen eigenen Wagen.

Josef machte sich auf den Weg, genügend Vorräte für die dürren Jahre zusammenzutragen. Zudem heiratete er die Tochter eines Priesters. Josef legte Speicher an, ließ von überall her das überschüssige Korn bringen. Als dann die guten Jahre vorbei waren, konnten die Menschen mit dem Korn aus den Speichern versorgt werden. Das Korn reichte sogar für Menschen, die aus anderen Ländern nach Ägypten kamen. Josef rettete die Menschen. Er war dankbar, dass Gott immer an seiner Seite war und ihm beistand. Mittlerweile hatte er auch zwei Söhne.

Auch in Kanaan, Josefs Heimatland, gab es eine Dürre. Jakob schickte zehn seiner Söhne los, Korn in Ägypten zu kaufen. Unweigerlich trafen die Söhne Jakobs auf ihren Bruder Josef. Er war ja quasi der Oberverkäufer des Korns. Seine Brüder erkannten ihn nicht. Josef gab sich auch nicht zu erkennen. Sie behandelten einander wie Fremde. Josef klagte seine Brüder an, sie seien Spione. Als Beweis dafür, dass sie keine Spione wären, mussten neun Brüder zurück nach Kanaan, den jüngsten Bruder holen. Den zehnten Bruder behielt Josef in Ägypten. Er ordnete an, dass seine Brüder noch Reiseproviant bekommen und heimlich sollte ihnen auch das Geld, welches sie für das Korn bezahlt hatten, in die Säcke gelegt werden. Das entdeckten die Brüder unterwegs. Sie wurden noch ängstlicher. Alles ist eine Strafe für das, was wir unserem Bruder angetan haben.

Als die Neun zu Hause ankamen, blieb Jakob stur. Er wollte nicht noch einen Sohn hergeben und alle mussten zu Hause bleiben. Nach einiger Zeit war das Korn aus Ägypten aufgebraucht. Dieses Mal ließ Jakob alle zehn Söhne ziehen. Er gab ihnen Geschenke mit für die Ägypter und die doppelte Menge an Geld, sodass sie die erste Lieferung noch einmal bezahlen konnten. Jakob dachte, es war ein Irrtum, dass die Söhne das Geld wieder nach Hause gebracht hatten.

Josef lud alle Brüder zu sich in den Palast ein. Die Brüder bekamen wieder Angst und vermuteten, sie werden festgenommen, als der Verwalter sie zum Palast führte. Die Brüder erfrischten sich, betraten dann Josefs Haus. Sie warfen sich vor ihm nieder und überreichten die mitgebrachten Geschenke.

Josef war sehr gerührt, dass er alle seine Brüder wiedersehen konnte. Auch dieses Mal wurden alle Säcke randvoll gefüllt mit Korn und das Geld, welches sie bezahlt hatten, obenauf gelegt. Josefs silbernen Becher sollten die Diener in den Sack des jüngsten Bruders tun.

Auf dem Heimweg wurden sie von ägyptischen Reitern eingeholt. Diese untersuchten das Gepäck der Brüder und fanden den silbernen Becher. Die Brüder wussten nicht, wie der Becher in ihr Gepäck gelangt war. Alle mussten ihre Esel wieder beladen und umkehren, zurück in die Stadt. Die Brüder wurden zu Josef geführt. Sie baten ihn, den Bruder Benjamin gehen zu lassen, sonst würde es dem Vater das Herz brechen. Alle anderen wollten bleiben.

Josef war so gerührt, dass er sich seinen Brüdern endlich zu erkennen gab. Die Brüder waren sprachlos. Alle lagen sich in den Armen.

Der Pharao, der von allem erfahren hatte, gab Jakob und seinen Söhnen fruchtbares Land. Die Brüder zogen nach Hause, kehrten mit Jakob und ihren Familien zurück und alle lebten in Ägypten.

Als die Familie kam, lief Josef seinem Vater entgegen und beide freuten sich über das Wiedersehen.

Siebzehn Jahre lebten alle gemeinsam in Ägypten.

Jakob fühlte sein Ende nahen. Er nahm Josef das Versprechen ab, dass die Familie ihn, Jakob, in seiner Heimat begraben würde. Alle Söhne bekamen zum Abschied vom Vater ein Segenswort. Nach seinem Tod wurde er, wie versprochen, in Kanaan begraben.

Der Tod des Vaters weckte bei den Brüdern wieder die Angst, dass Josef sie doch noch für das bestrafen würde, was sie ihm angetan hatten.

Dem war nicht so. Josef schloss Frieden mit seinen Brüdern und dankte Gott, dass sich alles doch noch zum Guten gewendet hat.

6.7. „VOM VERLORENEN GRO-SCHEN" – EIN GLEICHNIS

Einige Gleichnisse finden wir z. B. im Lukasevangelium. Jesus nutzt Gleichnisse dafür, uns Menschen Gottes Handeln und den Glauben zu erklären. Er erzählt in einfacher, verständlicherweise und benutzt Bilder.

In diesem Gleichnis geht es um Folgendes:

Eine Frau hat zehn Groschen und verliert einen davon. Sie macht Licht an, fegt und sucht überall und so lange, bis sie diesen einen Groschen gefunden hat. Sie erzählt es ihren Freundinnen und Nachbarinnen. Sie sollen sich mit ihr freuen, dass sie den Groschen wiedergefunden hat.

So sehr, wie die Frau sich über den einen Groschen freut, wird sich Gott freuen, wenn ein einziger Sünder merkt, dass er nichts Gutes getan hat, es bereut und sich wieder Gott zuwendet.

7. Zu guter Letzt

7.1. IST ALLES SO PASSIERT, WIE ES IN DER BIBEL STEHT?

Im Laufe von Jahrtausenden wurde alles mündlich weitererzählt. Viele Menschen konnten nicht lesen und/oder schreiben. Man kann annehmen, dass durch das Erzählen einiges abgewandelt, hinzugefügt oder weggelassen wurde. So kann man sagen, dass die Erzählungen dem Ursprung schon nahekommen.

In der Bibel lesen wir von historischen Personen. Fragen, die Menschen damals bewegten und auch noch heute bewegen, werden beantwortet.

Propheten hielten ab dem 8. Jahrhundert ihre Worte schriftlich fest. Durch die Verkleinerung Israels im 7. Jahrhundert wurden Schriften zusammengefasst, zum Teil neu geschrieben. Auch das babylonische Exil hatte großen Einfluss auf das Festhalten der Texte. Das Judentum entstand während der Zeit und es wurden neue Texte verfasst.

Die Vervielfältigung der Schriften erfolgte nur handschriftlich.

Johannes Gutenberg druckte 1452 das erste gebundene Werk. Es war die Bibel. In lateinischer Sprache wurden 200 Exemplare gedruckt. Sie umfasste 42 Zeilen pro Spalte.

Mit Weiterentwicklung der Buch- und Druckkunst entstand 1710 die erste Bibel, die mit ca. 5 Mio. Buchstaben auf einmal gedruckt wurde.

7.2. WER WAR JESUS?

Jetzt haben wir schon so viel über Jesus gehört. Aber, wer war er eigentlich? Wie hat er gelebt? Was hat er gemacht?

Wir haben schon gehört, dass Jesus in der Heiligen Nacht geboren wurde. Es soll 8 bis 4 vor unserer Zeitrechnung gewesen sein. Zu dieser Zeit regierte König Herodes. Jesus wurde zum Tode verurteilt und ist auferstanden. Aber, was ist in der Zeit dazwischen passiert?

Jesus wurde in einem Stall in Bethlehem geboren. Seine Eltern sind Maria und Josef. Seine Großeltern mütterlicherseits hießen laut der Legende Anna und Joachim. Der Großvater väterlicherseits wurde Elis gerufen. Anna wurde erst Mutter, als sie ziemlich alt war. Sie betete immer zu Gott, dass er ihr helfen sollte, ein Kind zu bekommen. Und sie versprach, dass sie das Kind dann in einen Tempel bringen wollte. Als Maria noch klein war, tat Anna dies auch. Es wird erzählt, dass Maria im Tempel an einem großen Vorhang gewebt hat. Weil Anna ihr Versprechen gehalten hat, Maria in den Tempel zu bringen, wurde sie später heiliggesprochen.

Josef, auch Josef von Nazareth genannt, war nicht der leibliche Vater von Jesus, wie wir auch schon gehört haben. Josef war Zimmermann, stammte aus Bethlehem und lebte in Nazareth. So nachzulesen im Lukasevangelium.

Nach der Geburt von Jesus heirateten Josef und Maria.

Jesus hatte einige Geschwister. Jakobus, Joses, Judas und Simon als Brüder, die Namen seiner

Schwestern sind nicht bekannt. Sie alle lebten zusammen in einem kleinen Dorf.

Er wurde religiös erzogen. Mit 12 Jahren soll er seine Mizwa bekommen haben. Das heißt, er hatte dann als Mitglied der jüdischen Gemeinschaft alle Rechte und Pflichten wie die erwachsenen Gemeindeglieder.

Gemeinsam mit seinen Geschwistern hat er die Schule besucht. Diese befand sich in der Synagoge. Am Sabbat (am Samstag) gab es in der Synagoge Gottesdienste, an den anderen Tagen Unterricht. Der Lehrer heißt Rabbi. Er las ihnen aus der Schriftrolle vor. Damals gab es die Bibel noch nicht als Buch, wie wir sie jetzt kennen, sondern es war alles auf eine dicke Papierrolle geschrieben. Diese wurde im Unterricht ausgerollt.

Jesus war ein fleißiger Schüler, immer sehr wissbegierig und er fragte den Rabbi sehr viel. Manchmal schlich er sich auch außerhalb des Unterrichts in die Synagoge und lauschte, worüber die Rabbiner sich unterhielten. Er wollte alles über Gott erfahren.

Auch zu Hause war Jesus fleißig. Er half seinem Vater bei der Arbeit, unterstützte ihn bei der

Reparatur von Dächern, baute mit ihm Fenster und Türen.

Schon früh erkannte Jesus, dass es arme und reiche Menschen gibt. Mit seinem Vater kam er rum und erlebte viel. Er hinterfragte, warum das so ist, obwohl doch vor Gott alle Menschen gleich sind und Gott alle Menschen auch gleich achtet und gleich liebt.

Als Jesus 12 Jahre alt war, erlebten die Eltern mit ihm etwas Besonderes. Er nahm gemeinsam mit seinen Eltern an einer Wallfahrt nach Jerusalem teil. Als es an die Rückfahrt ging, vermissten ihn seine Eltern und suchten ihn. Sie fanden Jesus im Tempel. Dort saß er mit angesehenen Gelehrten der Heiligen Schrift und war in tiefgründige Gespräche vertieft. Seine Eltern ermahnten ihn und baten ihn, nun aufzubrechen. Daraufhin fragte Jesus sie, ob sie noch immer nichts bemerkt hätten, denn sein eigentliches Elternhaus sei doch der Tempel. Er, Jesus, ist im Hause Gottes zu Hause. (Lukas, 2)

Gott ist für uns nicht greifbar. Auch, wenn Jesus Gottes Sohn ist, Jesus war ein Mensch wie wir – aus Fleisch und Blut.

Er erkannte früh den Auftrag, den Gott ihm erteilt hatte. Diesen Auftrag will er leben und ausführen.

Jesus traf auf Johannes, den Täufer. Er wollte unbedingt von ihm getauft werden. Johannes, der Täufer, predigte am Jordan. Er rief die Menschen dazu auf, ein moralisch einwandfreies Leben zu führen. Menschen ließen sich von Johannes im Jordan taufen. Mit dieser Taufe bekannten sie sich dazu, ihr altes Leben hinter sich zu lassen und neu zu beginnen in Gottes Wort.

Zu seiner Taufe hatte Jesus ein Erlebnis, welches seinen ganzen weiteren Weg bestimmte. Er wurde von Johannes untergetaucht und dabei erschien ihm, Jesus, ein Licht. Wie eine Taube im Flug kam Gottes Geist zu ihm. Gottes Stimme sagte ihm: „Du bist mein geliebter Sohn, an dem ich Wohlgefallen habe." (Markus 1, Matthäus 2)

Johannes predigte von der Strafe Gottes und dem jüngsten Gericht nach dem Tod der Menschen.

Jesus dagegen predigte über Gottes Liebe und Zuneigung zu den Menschen und über seine Barmherzigkeit. Jesus erklärte den Menschen, dass man an die Liebe Gottes glauben muss. Nur dann kann man sie auch weitergeben.

In dem Erleben der Taufe sah Jesus seinen Auftrag, fühlt sich berufen. Er zog sich für 40 Tage in die Wüste zurück. Dort bereitete er sich mit Fasten auf seine große Aufgabe vor.

Später dann sammelte Jesus die Jünger um sich. Alles Menschen, die von Jesus Worten über Gott und von Gott begeistert waren. Sie folgten ihm, als er als Wanderprediger durch das Land zog. Zum Beispiel trat er in Galiläa und Judäa öffentlich auf. Es wurden immer mehr. Unter ihnen befanden sich auch Frauen.

Aus dieser Menge suchte er sich die 12 aus, die er am ehesten für geeignet hielt, ihn zu bei der Erfüllung seines Auftrages unterstützen. Auch sie sollten Gottes Wort weitertragen. Für sie änderte sich das Leben.

Es war aber nicht so einfach für Jesus, wie es sich gerade anhört. Seine Nachbarn, die Menschen seiner Stadt waren irritiert, fanden das, was Jesus sagte, nicht glaubwürdig. Sie glaubten nicht daran, dass Jesus diesen besonderen Auftrag hatte. Das enttäuschte ihn sehr, denn sie kannten ihn von klein auf und wussten eigentlich, dass sie ihm vertrauen konnten.

Von seinem Wirken haben wir in einigen Bibeltextauszügen bereits gehört, auch über die Verfolgung und den Tod.

7.3. DIE REISEN DES APOSTELS PAULUS

Apostel waren 12 Männer, die von Jesus direkt einen Auftrag erhielten, und zwar den Auftrag, den christlichen Glauben weiterzutragen und den Menschen von Jesus Christus zu erzählen. Von dem, was Jesus getan hat, wo er geholfen hat, wovon er gesprochen hat.

Paulus gehörte nicht direkt zu diesem Kreis. Man sagt, dass Paulus und Jesus sich nie begegnet sind.

Und doch ist Paulus eine wichtige Schlüsselfigur. Auf seinen Reisen brachte er das Christentum in die Welt.

Paulus ist vermutlich Anfang der Zeitrechnung nach Christus (n. Chr.) in Tarsus geboren. Er war Jude und sehr gebildet. Es wird vermutet, dass auch er wie der Rest seiner Familie Pharisäer war.

Er hatte keine gute Meinung von den Menschen, die die Lehren von Jesus Christus verfolgten. So waren die Pharisäer.

Neben der Schriftausbildung absolvierte Paulus auch eine Ausbildung zum Zeltmacher. So konnte er sich seinen Lebensunterhalt verdienen, während er auf seinen Missionsreisen war. Die von ihm gegründeten christlichen Gemeinden mussten ihn finanziell nicht unterstützen.

Paulus war auch Abenteurer, Reisender, Verkünder, Briefschreiber, Wanderprediger, Zeltmacher. Er war ein eher kleiner Mensch. Wirkte im direkten Kontakt mit anderen Menschen unterwürfig. Beobachtete man den Paulus von Weitem, schien er doch recht mutig zu sein. Paulus war kein Mann der großen Worte, seine Stärke lag im Schreiben.

Durch eine Lichtvision des auferstandenen Jesus Christus wandte er sich vom jüdischen Glauben ab, ließ sich taufen und verkündete ab da an nur noch die Lehren Jesu. Und das kam so:

Paulus war als Pharisäer beauftragt, in verschiedenen Gemeinden nach Anhängern von Jesus zu suchen und diese festzunehmen. Er zerstörte auch deren Häuser und tat das alles mit Spaß daran.

Als er auf dem Weg nach Damaskus war, um auch dort seinen Auftrag zu erfüllen, sah er diese lichtvolle Erscheinung Jesu. Dieser rief ihn und fragte, warum Paulus ihn denn verfolgte. Paulus war natürlich verwirrt und fragte nach, wer der Rufer sei. Paulus bekam zur Antwort: „Ich bin der, den du verfolgst. Ich bin Jesus."

Nach dieser Erscheinung erblindete Paulus. Nach mehreren Tagen heilte ihn ein Christ.

Aufgrund dieser Erfahrung ließ Paulus sich taufen und verkündete nur doch die Lehren von Jesus Christus. Er verbreitete auch unter den Menschen, dass Jesus Christus der Sohn Gottes ist. Er nannte sich selbst von da an auch einen von Gott direkt berufenen Apostel.

Von da an verkündete er das Evangelium und den auferstandenen Christus.

Juden und Nichtjuden griffen Paulus oft an. Es gab so etliche körperliche Auseinandersetzungen, bei denen es für Paulus oft nicht gut ausging.

Paulus war viel auf Reisen. Er wurde von anderen begleitet. Er hielt sich im östlichen Mittelmeerraum auf, gründete etliche Gemeinden, wie z.

B. in Thessaloniki, Philippi, Korinth, Troas, Antiochias und Ephesus. Wenn die Gemeinden dann fähig waren, sich selbst zu organisieren, reisten Paulus und seine Begleiter in die nächste Stadt.

Paulus begab sich auch auf eine Rundreise durch Griechenland.

Zu vielen Gemeinden hielt er Kontakt. In seinen Briefen an die Gemeinden berichtete er von aktuellen Problemen und Fragen der Menschen ein. Außerdem lehrte er sie weiter im christlichen Glauben.

Paulus war auch einige Male in Gefängnissen, wie z. B. in Philippi, Caesarea.

Geplant war auch eine Reise nach Rom. Von dort aus wollte er weiter zu Orten am westlichen Mittelmeer.

Dazu kam es nicht mehr, weil er in Jerusalem von römischen Behörden verhaftet und nach Rom gebracht wurde.

Sein Auftrag war, eine Kollekte (Geldsammlung) zur Urgemeinde nach Jerusalem zu bringen. In seinem Römerbrief schreibt er, dass er Sorge hat, dass er auf dieser Reise angefeindet wird, was auch geschah.

In Jerusalem wurde er verhaftet und ange-
klagt. Der Grund war, dass er angeblich einen
Nichtjuden mit in den Tempel genommen hat. Damals stand auf so ein Vergehen die Todesstrafe.
Paulus überstellte man an die Römer.

Der römische Kaiser Nero war bekannt für
seine Christenverfolgung.
Es wird angenommen, dass Paulus durch das
Schwert hingerichtet wurde und somit einen Mär-
tyrertod starb.

7.4. WARUM BETEN?

Beten ist einfach. Mit Beten kann man bitten, danken, Wünsche aussprechen. Wir können alles vor
Gott bringen. Im Gebet halten wir Zwiesprache
mit Gott. Als Antwort bekommen wir Trost, Auf-
munterung, Ermutigung und wir erfahren Gottes
Liebe. Wir spüren sie.

Beten kann man überall. Gebete haben unter-
schiedliche Formen. Ein Tischgebet, ein Gute-
Nacht-Gebet – solche Gebete kann man leicht mit
Kindern beten. Wenn Sie nicht so genau wissen,
was Sie sagen sollen, schauen Sie in die Bibel. Dort
finden sich biblische Gebete.

Eins der wichtigsten Gebete ist für Christen das „Vaterunser". Im „Vaterunser lobpreisen wir Gott, ehren ihn und bringen unsere Nöte vor Gott. Auch die Jünger von Jesus waren ratlos und baten ihn „Herr, sag uns doch, wie wir beten sollen."

Jesus Antwort darauf war:
Vater unser im Himmel
Geheiligt werde dein Name.
Dein Reich komme.
Dein Wille geschehe,
wie im Himmel, so auf Erden.
Unser tägliches Brot gib uns heute.
Und vergib uns unsere Schuld,
wie auch wir vergeben unseren Schuldigern.
Und führe uns nicht in Versuchung,
sondern erlöse uns von dem Bösen.
Denn dein ist das Reich
und die Kraft
und die Herrlichkeit
in Ewigkeit.
AMEN

7.5. PSALMEN

Auch Psalmen sind Gebete. In Psalmen spricht man mit Gott. Auch mit ihnen kann man danken, klagen, Auswege suchen. Egal, ob wir glücklich oder traurig sind, ob ängstlich oder zuversichtlich, ob wütend oder fröhlich: In Psalmen findet man Zuversicht und Zuspruch. Das eigene Vertrauen in Gott wird gestärkt.

Psalmen sind religiöse Texte, deren Inhalt poetisch dargestellt ist. Wenn wir keine Worte mehr finden, hilft uns ein Psalm weiter.

Psalmen stehen in den Gesangbüchern. Viele wurden vertont. In Klöstern wurden und werden sie gesungen.

Gottvertrauen ist wichtig. Es stärkt, macht zuversichtlich, beruhigt.

Der bekannteste Psalm ist Psalm 23. Der Psalm „Vom guten Hirten". Diesen möchte ich Ihnen zum Schluss ans Herz legen. Auch er ist ein Psalm Davids, des Königs David aus Jerusalem. Im ersten Vers wird auf ihn Bezug genommen. In Davidpsalmen wird das Leben und Wirken Davids in Verbindung mit den Psalmen aufgenommen. Sie wurden aber nicht von ihm verfasst.

In Psalm 23 kommt zum Ausdruck, wie tief Beterinnen und Beter mit Gott verbunden sind, wie viel Vertrauen sie zu Gott haben und in welcher Beziehung beide miteinander stehen. Er zeugt von der Liebe Gottes und von seiner Barmherzigkeit.

7.5.1. Psalm 23

Ein Psalm Davids.

Der HERR ist mein Hirte,

Mir wird nichts mangeln.

Er weidet mich auf einer grünen Aue

und führet mich zum frischen Wasser.

Er erquicket meine Seele.

Er führet mich auf rechter Straße

um seines Namens willen.

Und ob ich schon wanderte im finsteren Tal,

fürchte ich kein Unglück;

denn du bist bei mir,

dein Stecken und Stab trösten mich.

Du bereitest vor mir einen Tisch

im Angesicht meiner Feinde.

Du salbest mein Haupt mit Öl

und schenkest mir voll ein.

Gutes und Barmherzigkeit werden mir folgen
mein Leben lang.
Und ich werde bleiben im Hause des HERRN
immerdar.
AMEN

Ich wünsche mir, dass ich Sie nun ein wenig neugierig gemacht habe und Sie sich gemeinsam mit
Ihrem Kind auf Entdeckung begeben wollen.

Herstellung und Verlag:

BoD – Books on Demand, Norderstedt

ISBN: 9783756222858

1. Auflage

Kontakt: Psiana eCom UG/ Berumer Str. 44/ 26844 Jemgum

Covergestaltung: Fenna Larsson

Coverfoto: depositphotos.com